Postres Am

*Deliciosas Recetas De Comida
Instantánea, De La Noche A La
Mañana, Preparada Y Fácil: Un
Libro De Cocina Americano
(Spanish Version)*

Valerio Cal

1

Tabla de Contenidos

INTRODUCCIÓN 8

GRATINADO DE YUKON GOLD Y BATATA...........................10

CAPÍTULO 1: LOS MEJORES PLATOS VEGETARIANOS ...14

CEBOLLAS DULCES AL HORNO 14

FRIJOLES BBQ 16

CREMA DE MAÍZ EN CROCKPOT....................................18

PURÉ DE PATATAS AL AJO..21

JUDÍAS VERDES CON AJO Y PIMIENTOS 23

ADEREZO DE PAN DE MAÍZ CON SALCHICHAS Y CHAMPIÑONES ...25

ENSALADA DE PATATA CAJÚN PICANTE 28

ENSALADA DE PAVO Y FRIJOLES PINTOS CON ADEREZO DE MELAZA DEL SUR 30

MAÍZ MEXICANO A LA PARRILLA 32

ZANAHORIAS CON MIEL Y SALVIA 34

CALABAZA FRITA DEL SUR 36

BRÓCOLI ASADO PICANTE 38

CAPÍTULO 2: LAS MEJORES TARTAS 41

CORTEZA DE TARTA...41

TARTA DE MANZANA 43

TARTA DE FRESA BIG BOY..45

TARTA DE ARÁNDANOS Y NATILLA 47

TARTA DE AJEDREZ...49

BARRAS DE PASTEL DE CREMA DE COCO 51

TARTA CREMOSA DE AVELLANAS 54

EL FAMOSO CHEESECAKE ICE BOX DE WOOLWORTH 56

PASTEL DE BANANA CONGELADO..................................58

TARTA DE MELOCOTÓN CONGELADO 60

TARTA DE LIMA...62

TARTA DE FRESA Y LIMÓN EN FREEZER 64

TARTA DE BATATA..66

3

CAPÍTULO 3: LOS MEJORES PASTELES 70

PASTEL DE ARÁNDANOS Y CREMA AGRIA...70
DELICIOSO PASTEL DE ZANAHORIA 72
PASTEL DE CALABAZA DE CUATRO CAPAS CON GLASEADO...........74
PASTEL DE MELOCOTÓN DE GEORGIA 77
PASTEL DE PIÑA Y NUECES CON GLASEADO 79
PASTEL RED VELVET 81

CAPÍTULO 4: OTROS DULCES...85

PLATO DE POSTRE PATRIÓTICO AMERICANO 85
PUDÍN DE BANANA...87
TARTA DE MORAS 89
TARTA DE ARÁNDANOS Y MELOCOTÓN..91
DELICIA DE LA ABUELA 93
MANZANAS ASADAS CON MIEL 95
PUDÍN DE CALABAZA Y CARAMELO...97
PUDÍN DE MELOCOTÓN DE TENNESSEE 99

CONCLUSIÓN..102

4

Introducción

Felicidades por haber adquirido Cocina Americana, y gracias por haberlo hecho. En los siguientes capítulos hablaremos de una enorme variedad de deliciosas recetas que podrás disfrutar a diario. Si estás buscando comidas y postres deliciosos con instrucciones fáciles de seguir, has llegado al lugar correcto. Aprenderás a preparar platos que tus amigos y familiares podrán disfrutar en cualquier momento durante muchos años.

Podrás elegir entre deliciosos platos para el desayuno, carne de vaca, cerdo, mariscos, pasta y mucho más. Disfruta de verduras y frutas saludables aprendiendo a preparar una serie de postres únicos.

En primer lugar, vamos a preparar la cocina con algunos utensilios esenciales y otros artículos. Echa un vistazo a esto:

Termómetro digital de lectura instantánea para carne: Puedes estar seguro de que tus carnes están bien cocinadas según tu receta si tienes este práctico artilugio en tu arsenal de herramientas. Por ejemplo, Walmart tiene uno por unos 10 dólares. Si eres un principiante o simplemente quieres asegurarte de que tus carnes son seguras para comer, ¡la inversión se amortiza sola!

9

Gratinado de Yukon Gold y batata

Porciones: 4/4-capas gratinadas
Tiempo requerido: 1 hour 10 minutos

Ingredientes necesarios:

- Yukon Gold y batatas (2 medianas de cada una)
- Mantequilla (2 cucharadas)
- Harina (2 cucharadas)
- Leche al 2% (2 tazas)
- Pizca de nuez moscada
- Pimienta negra y sal
- Gruyère rallado/otro queso suizo (.5 taza)
- Guarnición opcional: Romero fresco picado

- También se necesita: Fuente de horno de 8 por 8 o sartén de hierro fundido de 10 pulgadas

Técnicas de preparación:

1. Calienta el horno a 375° Fahrenheit.Pela y rebana las papas en un grosor de ⅛ pulgadas.
2. Derrite la mantequilla a fuego medio en una cacerola.
3. Bate la harina, removiendo durante un minuto.Incorpora poco a poco la leche para evitar que se formen grumos.
4. Cocina a fuego lento la mezcla durante unos cinco minutos, hasta que empiece a espesar como la consistencia de una crema espesa. Sazona con la nuez moscada.

5. Coloca las patatas en capas superpuestas en el fondo de una sartén o fuente de horno, alternando las patatas dulces y las normales. Espolvorea cada capa con la pimienta y la sal.
6. Vierte la salsa y cubra con el queso rallado.
7. Utiliza una capa de papel de aluminio para cubrir la sartén/plato y hornear durante 20 minutos.
8. Aumenta la temperatura a 450° Fahrenheit.
9. Retira el trozo de papel de aluminio y hornea hasta que la parte superior se dore al gusto (aproximadamente 20 minutos).

Capítulo 1: Los mejores platos vegetarianos

Cebollas dulces al horno

Porciones: 4
Tiempo requerido: 2 horas 5 minutos

Ingredientes necesarios:

- Cebollas dulces Vidalia (4 grandes)
- Sal y pimienta molidas gruesas (al gusto)
- Mantequilla (4 cucharaditas)

- Opcional: Vinagre balsámico envejecido de alta calidad

Técnicas de preparación:

1. Ajusta la temperatura del horno a 250° Fahrenheit.Recorta una pequeña porción (aproximadamente ¼ de pulgada del extremo inferior/raíz de cada cebolla.
2. Coloca las cebollas enteras en una bandeja de horno con una pulgada de agua. Hornea con la tapa quitada durante dos horas hasta que las cebollas estén blandas al apretarlas.
3. Pásalas a una tabla de cortar y retira las pieles marrones. Córtalas por la raíz y colócalas en una fuente de servir con una cucharadita de mantequilla, sal y pimienta.
4. Rocía la parte superior con vinagre balsámico al gusto.

Frijoles BBQ

Porciones: 16 guarniciones
Tiempo requerido: 40 minutos
Ingredientes necesarios:

- Pork n Beans (2 latas - 28 onzas cada una)
- Salsa BBQ - ej. KC Masterpiece Original (.5 taza)
- Ketchup (.5 taza)
- Mostaza amarilla (1 cucharadita)
- Cebolla amarilla (1 mediana)
- Chili en polvo (1 cucharada)
- Azúcar moreno oscuro (.5 taza)
- Pimienta negra recién molida (.5 cucharaditas)
- Guarnición opcional: Tocino crujiente

Técnicas de preparación:

1. Pica la cebolla y añádela con el resto de los ingredientes en una cazuela poco profunda.
2. Cocina a fuego lento las alubias a temperatura media-baja, removiendo desde el fondo y los lados con frecuencia, hasta que estén espesas (30 min.).
3. Sirve en cualquier momento - ¡especialmente en una comida al aire libre!

Crema de maíz en Crockpot

Porciones: 10
Tiempo requerido: 2.5 horas

Ingredientes necesarios:

- Mantequilla sin sal - dividida (4 cucharadas)
- Aceite de oliva (1 cucharada)
- Cebolla dulce pequeña (1 cortada en dados)
- Maíz: Ver nota **
- Leche - de cualquier tipo que le guste (.5 taza)
- Miel (.5 cucharaditas)
- Sal Kosher (.5 cucharadas)

- Pimienta negra (.25 cucharadita)
- Queso crema reducido en grasa - no sin grasa (4 oz.)
- Yogur griego natural al 2% - no sin grasa (1 taza)

Técnicas de preparación:

1. Derrite una cucharada de mantequilla en una sartén a temperatura media-alta.
2. Vierte el aceite para que se caliente. Pica y añade la cebolla, salteándola hasta que se ablande y empiece a volverse translúcida (5 min.). No dejes que la cebolla se dore y ajusta el fuego según sea necesario para evitarlo. Pásalos a una olla de cocción lenta y añade el maíz.
3. Mezcla con la miel, la leche, la sal y la pimienta. Pica el queso crema y las tres cucharadas de mantequilla restantes, esparciendo los trozos por encima, sin remover. Pon la tapa en la olla de cocción lenta y preparar a fuego alto durante dos o tres horas, hasta que el maíz esté caliente y tierno.
4. Destapa y remueve hasta que la mantequilla, y el queso crema estén bien combinados. Incorpora el yogur griego. Con una batidora de inmersión, haz un puré parcial de la crema de maíz para espesarla. Detente a remover un par de veces para asegurarte de que no te pasas; quieres que el maíz sea cremoso pero que siga teniendo una buena textura.
5. Alternativa: En caso de que no tengas la batidora, pasa unos cuantos cazos de la crema de maíz a un procesador de alimentos o a una

batidora y haz un puré (¡cuidado, la comida caliente salpica!). Vuelve a mezclar la porción triturada con el resto del maíz. Sigue haciendo puré por tandas hasta alcanzar la consistencia deseada.

6. Para espesar aún más la crema de maíz, mantén la crockpot sin tapar y cocina a temperatura alta durante otros 15 minutos.

7. El maíz seguirá espesando mientras se enfría. Sirve muy caliente - como si estuvieras en el sur.

Nota **6 tazas de granos de maíz/alrededor de 3 latas de 15.25 oz. escurridas/ 6-8 mazorcas frescas/48 oz. congeladas*.

Puré de patatas al ajo

Porciones: 8
Tiempo requerido: 30 minutos

Ingredientes necesarios:

- Patatas doradas/rojas (2 lb.)
- Mezcla de condimentos sin sal (1 cucharadita)
- Aceite de oliva (.25 taza)
- Dientes de ajo (6)
- Pimienta negra (.5 cucharaditas)

Técnicas de preparación:

1. Frota y corta las patatas en trozos grandes.
2. Pela y añade los dientes de ajo y los trozos de patata en una olla grande llena de agua fría. Una vez hirviendo, ajusta la temperatura y cocina a fuego lento hasta que las patatas estén tiernas (20 minutos). Escurre el líquido, reservando ¾ de taza para el siguiente paso.
3. Vierte el líquido reservado, la pimienta, la mezcla de condimentos y el aceite de oliva en las patatas y tritúralas.
4. Sirve con tu opción de carne favorita.

Judías verdes con ajo y pimientos

Porciones: 6
Tiempo requerido: 10-12 minutos

Ingredientes necesarios:

- Aceite de oliva (2 cucharaditas)
- Judías verdes (1 lb.)
- Pimiento rojo (1)
- Copos de pimienta roja o pasta de chile (.5 cucharaditas)
- Ajo (1 diente)
- Aceite de sésamo (1 cucharadita)
- Pimienta negra (0,25 cucharaditas)
- Sal (.5 cucharaditas)

Técnicas de preparación:

1. Recorta los tallos de las judías verdes y pica finamente el ajo. Quita las pepitas y corta el pimiento en rebanadas finas.
2. Añade las judías verdes a una cacerola grande con ¾ de agua hirviendo y cuécelas de uno a tres minutos hasta que tengan un color verde intenso.
3. Escurre las judías verdes y añádelas a una cacerola con agua helada para detener el proceso de cocción. Apártalas.
4. Calienta el aceite a temperatura media en una sartén. Añade el pimiento y saltéalo durante un minuto. Añade las alubias y sigue salteando durante un minuto más. Añade el ajo, la sal, la pimienta y la pasta de chile, removiendo durante un minuto. Rocía con el aceite de sésamo.

Aderezo de pan de maíz con salchichas y champiñones

Porciones: 9 tazas
Tiempo requerido: 75 minutos + chill time

Ingredientes necesarios:

- Sal (.5 cucharaditas)
- Harina de maíz amarilla (1,5 tazas)
- Polvo de hornear (1 cucharadita)
- Harina todo uso (.5 taza)
- Bicarbonato de sodio (.5 cdta.)
- Leche al 2% (1,5 tazas)
- Huevos grandes (2)
- Miel (1 cucharada)
- Aceite de oliva - dividido (.25 taza + 1 cucharada)
- Vinagre de sidra (1 cucharada)

El aderezo:

- Salchicha de cerdo a granel (.5 lb.)
- Setas frescas rebanadas (8 oz.)
- Apio (3 costillas)
- Cebolla grande (1)
- Pan rallado integral (1,5 tazas/3-4 rebanadas - suave)
- Huevos batidos (3 grandes)
- Caldo de pollo reducido en sodio (cartón de 32 onzas)
- Romero recién picado (1 cucharada)
- Pimienta negra (1 cucharadita)
  También se necesita:
- Sartén de hierro fundido (10 pulgadas)
- Plato para hornear (13 por 9 pulgadas)

Técnicas de preparación:

1. Calienta el horno a 425° Fahrenheit y calienta la sartén.
2. Bate los cinco primeros ingredientes secos hasta la línea.
3. En otro recipiente, bate la leche, los huevos, ¼ de taza de aceite, la miel y el vinagre. Bate en los ingredientes secos.
4. Retira la sartén del horno y engrásala ligeramente con el aceite de oliva restante. Vierte la masa. Hornea hasta que se dore (15 minutos). Deja enfriar unos diez minutos y sácalo de la sartén a una rejilla para que se enfríe del todo.
5. Cocina la salchicha en la sartén de hierro fundido a temperatura media-alta, desmenuzando la carne, hasta que deje de estar rosada. Retira y escurre.
6. En la misma sartén, rebana/pica y saltea los champiñones, el apio y la cebolla hasta que la cebolla esté tierna (5 min.). Desmenuza el pan de maíz en un bol grande; incorpora la salchicha, la mezcla de setas y el resto de los ingredientes. Pasa a una fuente de horno engrasada. Refrigera, tapado, al menos ocho horas.
7. Saca de la nevera una media hora antes de hornear. Programa el horno a 375° Fahrenheit. Hornea sin tapar hasta que la parte superior esté dorada y la mezcla esté cuajada (40-45 min.).

Ensalada de patata cajún picante

Porciones: 20
Tiempo requerido: 30 minutos + chilling time

Ingredientes necesarios:

- Patatas Yukon Gold (5 libras)
- Cebolla amarilla (1 grande)
- Limón (la mitad de 1 mediano)
- Sal y pimienta gruesa (.5 cucharaditas cada una)
- Huevos duros (8)
- Mayonesa con aceite de oliva (1,5 tazas)

- Condimento de pepinillos (1 taza)
- Condimento cajún (1-2 cucharadas)
- Mostaza amarilla (.25 taza)
- Perejil fresco (.25 taza)
- Paprika (1 pizca/a su gusto)

Técnicas de preparación:

1. Pela las patatas, cortándolas en cubos de ¾ de pulgada. Mételas en un horno holandés con agua. Hervir y picar el huevo.
2. Rebana la cebolla por la mitad y añade la mitad a la olla. Cuando esté hirviendo, añade la sal y el limón.
3. Baja la temperatura a fuego lento sin tapar hasta que las patatas estén tiernas (5-6 min.).
4. Pica la segunda mitad de la cebolla y mézclala con el condimento cajún, la mostaza, el condimento, la mayonesa y los huevos.
5. Escurre y enjuaga las patatas en agua fría. Desecha el limón y la cebolla.
6. Mezcla los huevos y las patatas. Guárdalos en la nevera durante una o dos horas para que se enfríen.
7. Servir con una espolvoreada de pimentón y perejil cuando esté frío.

Ensalada de pavo y frijoles pintos con aderezo de melaza del sur

Porciones: 6
Tiempo requerido: 35 minutos + chill time

Ingredientes necesarios:

- Tomates secos al sol - envasados en aceite (.5 taza)
- Ajo (1 diente)
- Melaza (.5 taza)
- Vinagre de sidra de manzana (3 cucharadas)
- Mostaza preparada (1 cucharadita)
- Sal (.5 cucharaditas)
- Pimienta molida gruesa (.25 cucharadita)

- Pechuga de pavo (3 tazas)
- Frijoles pintos (2 latas de 15 onzas)
- Pimiento verde (1 mediano)
- Apio (2 costillas)
- Cebolla (1 taza)
- Perejil fresco (.25 taza)
- Opcional: Hojas de lechuga

Técnicas de preparación:

1. Enjuaga y escurre las judías. Escurrir los tomates, reservando dos cucharadas del aceite.
2. Pela y tritura los ajos y los tomates en un procesador de alimentos, cubriendo hasta que estén picados. Mide el vinagre, la melaza, la mostaza, la sal, la pimienta y el aceite reservado. Cierra la tapa y procesa hasta que esté suave.
3. Corta en dados y mezclar el pavo, el pimiento verde, el apio, la cebolla, el perejil y las judías. Mezcla con el aderezo y revuelve.
4. Cubre con plástico o papel de aluminio y mete en el frigorífico durante un par de horas. Porciona y sirve sobre un lecho de hojas de lechuga al gusto.

Maíz mexicano a la parrilla

Porciones: 4
Tiempo requerido: 20-25 minutos

Ingredientes necesarios:

- Maíz (4 mazorcas desgranadas)
- Sal (1 cucharadita)
- Mayonesa (2 cucharadas)
- Chili en polvo (.5 cucharadas)
- Zumo de 1 lima
- Parmesano - rallado finamente

Técnicas de preparación:

1. Calienta la parrilla hasta que esté caliente mientras preparas una olla de agua hirviendo con sal.
2. Desgrana y limpia el maíz y échalo en la olla de agua hirviendo.
3. Hierve de cinco a siete minutos, hasta que el maíz esté ligeramente tierno, pero no totalmente cocido. Escurre el maíz y colócalo en la parrilla para carbonizar ligeramente los granos.
4. Bate la mayonesa y el zumo de lima. Coloca el maíz en una bandeja y píntalo con un poco de la mayonesa de cítricos.
5. Sirve la deliciosa verdura con un poco de parmesano y chile en polvo.

Zanahorias con miel y salvia

Porciones: 4
Tiempo requerido: 10 minutos

Ingredientes necesarios:

- Zanahorias en rodajas (2 tazas)
- Mantequilla (2 cucharaditas)
- Miel (2 cucharadas)
- Salvia fresca picada (1 cucharada)
- Pimienta negra (0,25 cucharaditas)
- Sal (0,125 cucharaditas)

Técnicas de preparación:

1. Pela, trocea y echa las zanahorias en agua hirviendo y cocínalas hasta que estén tiernas (5 min.). Escúrrelas y resérvalas.
2. Añade la mantequilla y mézclalas con la pimienta, la salvia, la miel y la sal. Saltea por unos tres minutos, removiendo con frecuencia.
3. Sirve cuando todo esté bien mezclado.

Calabaza frita del sur

Porciones: 2-4
Tiempo requerido: 25 minutos

Ingredientes necesarios:

- Calabaza (2-3 medianas)
- Huevos (2)
- Suero de leche (.5 taza)
- Agua (4 cucharaditas)
- Sal y pimienta (1 cucharadita de cada una según se desee)
- Harina sin blanquear (1 taza)

- Harina de maíz (.5 taza)
- Aceite para freír (según sea necesario)
- Opcional: Aderezo ranchero/de su preferencia

Técnicas de preparación:

1. Rebana la calabaza en un grosor de ¼ de pulgada.
2. Tamiza la harina de maíz, la harina y los condimentos en un recipiente para mezclar.
3. En otro recipiente, bate los huevos, el agua y el suero de leche.
4. Pasa cada trozo de calabaza por la mezcla de harina sazonada, luego por la húmeda y de nuevo por la mezcla de harina.
5. Coloca la calabaza en la sartén y cocina a fuego lento hasta que se dore.
6. Sirve con el aderezo de tu elección.

Brócoli asado picante

Porciones: 8
Tiempo requerido: 30 minutos

Ingredientes necesarios:

- Brócoli (8 tazas/1.25 lb.)
- Mezcla de condimentos sin sal (.5 cucharaditas)
- Aceite de oliva (4 cucharadas divididas)
- Pimienta negra recién molida (.25 cucharaditas)
- Ajo (4 dientes)

Técnicas de preparación:

1. Calienta el horno a 450° Fahrenheit.
2. Quita los tallos grandes y corta el brócoli en trozos de dos pulgadas.
3. Mezcla el aceite y el brócoli en un recipiente. Espolvorea con pimienta y condimentos al gusto.
4. Pasa a una bandeja de horno con borde y hornea durante 15 minutos.
5. Pica y combina el ajo, los copos de pimienta roja y la mitad del aceite en un plato aparte.
6. Cuando el brócoli esté hecho, rocía la mezcla de aceite sobre el brócoli mientras agitas la bandeja.
7. Vuelve a meter la sartén en el horno durante otros ocho o diez minutos para que se terminen de asar. Sirve cuando estén tiernos.

Capítulo 2: Las mejores tartas

Corteza de tarta

Porciones: 1 corteza
Tiempo requerido: 3 ¼ horas

Ingredientes necesarios:

- Mantequilla súper fría (1 barra/.5 taza)
- Harina todo uso (1,5 tazas + más para la superficie)
- Azúcar granulada (1 cucharada)
- Sal Kosher (.25 cucharaditas)
- Vinagre de sidra de manzana (.5 cucharadas)

- Agua helada (4 cucharadas + más según sea necesario)

Técnicas de preparación:

1. Pica la mantequilla en trozos de ½ pulgada. Coloca la mantequilla y la harina en el congelador durante una media hora.
2. Tamiza o bate el azúcar, la harina y la sal. Puedes hacerlo en un procesador de alimentos.
3. Añade la mantequilla -con las manos- mezclando hasta que se desmenuce.
4. Mezcla el vinagre y luego el agua helada, poco a poco, hasta que la masa empiece a formarse y sea ligeramente desmenuzable.
5. Coloca la masa en una superficie ligeramente enharinada y trabajarla hasta obtener un disco aplanado.
6. Colócalo en un recipiente y tápalo con una capa de plástico. Métela en la nevera para que se enfríe hasta que esté frío (un mínimo de dos horas o toda la noche).
7. Nota: Duplica la receta si desea una corteza superior.

Tarta de manzana

Porciones: 6
Tiempo requerido: 45 minutos

Ingredientes necesarios:

La corteza:
- Harina de almendra (3 tazas)
- Jarabe de arce (2 cucharadas)
- Huevo (1 grande)
- Sal Kosher (.5 cucharaditas)
- Aceite de coco (3 cucharadas)

El relleno:
- Manzanas (5-6 tazas de manzanas)
- Aceite de coco (2 cucharadas)
- Canela molida (1 cucharada)
- Jarabe de arce (.25 taza)
- Arrowroot en polvo (1 cucharada)

- Extracto de vainilla (1 cucharada)

Técnicas de preparación:

1. Calienta el horno a 350° Fahrenheit.
2. Combina cada uno de los ingredientes de la corteza en un bol hasta que se forme una masa suave. Divide la masa por la mitad y extiéndela entre dos hojas de papel pergamino. Coloca una mitad de la masa en un molde para tartas y presiona suavemente en el lateral.
3. Extiende la segunda mitad de la masa y rebánala en tiras finas. Refrigera la masa mientras prepara el relleno.
4. Calienta el aceite de coco en una olla grande. Pela, pica y saltea las manzanas durante unos cinco minutos. Mezcla con el sirope de arce y la canela.
5. Pasa la sartén a una hornilla frío y mezcla con el polvo de arrurruz y el extracto de vainilla. Deja que se enfríe.
6. Coloca la mezcla de manzana enfriada en la corteza.
7. Pasa las tiras de masa de la tarta para formar una corteza de celosía colocando tres tiras horizontalmente a través de la tarta, y tres tiras verticalmente a través de la tarta.
8. Programa un temporizador y hornea la tarta durante 30 minutos. Sirve caliente o frío.

Tarta de fresa Big Boy

Porciones: 6-8
Tiempo requerido: 5-10 minutos + tiempo de reposo

Ingredientes necesarios:

- Maicena (2 cucharadas)
- Agua (1 taza)
- Azúcar (1 taza)
- Gelatina de fresa (la mitad de 1 paquete)
- Cascarón de tarta (horneado de 9 pulgadas - enfriado)
- Fresas frescas (aprox. 5 tazas)
- Cobertura batida

Técnicas de preparación:

1. Bate el azúcar y la maicena, y mézclalo con el agua en un cazo.
2. Cocina a fuego lento de tres a cinco minutos hasta que espese.
3. Pasa a una hornilla fría y añade la gelatina, removiendo para que se disuelva.
4. Incorpora las bayas y vierta en la cáscara de la tarta.
5. Enfría de dos a tres horas y sirve con la cobertura batida al gusto.

Tarta de arándanos y natilla

Porciones: 8
Tiempo requerido: 60 minutos

Ingredientes necesarios:

- Corteza de pastel sin hornear (1 @ 9 pulgadas).
- Crema agria (8 oz./1 taza)
- Azúcar (.75 taza)
- Huevo (1)
- Sal (0,25 cucharaditas)
- Harina (2 cucharadas)
- Extracto de vainilla (2 cucharaditas)
- Arándanos frescos (2,5 tazas)

Cobertura de Streusel:

- Harina (.33 taza)
- Azúcar moreno (.5 taza)
- Mantequilla blanda no refrigerada (.25 taza)

- Pacanas (.5 taza - picadas)

Técnicas de preparación:

1. Calienta el horno para que alcance los 400°
   Fahrenheit.
2. Mezcla el huevo, la crema agria, el azúcar, las
   dos cucharadas de harina, la sal y el extracto
   de vainilla con una cuchara hasta que esté
   suave. Incorpora las bayas a la crema agria y
   vierte el relleno en la corteza de la tarta sin
   hornear.
3. Hornea durante 25 minutos.
4. Prepara la cobertura de streusel combinando la
   harina y el azúcar moreno. Mezcla la
   mantequilla hasta que se desmenuce.
   Incorpora las nueces picadas.
5. Espolvorea la cobertura de streusel crujiente
   por encima de la tarta cuando haya
   terminado de hornearse.
6. Hornéalo de 15 a 20 minutos más o hasta
   que la cobertura esté dorada.
7. Saca la tarta del horno y espera al menos de
   10 a 15 minutos antes de servirla.
8. Sirve la tarta caliente o fría.

Tarta de ajedrez

Porciones: 8
Tiempo requerido: 6 horas 10 minutos (tiempo
de reposo incluído)

Ingredientes necesarios:

- Corteza de pastel (1 - receta anterior)
- Huevos (4 grandes)
- Azúcar granulado (1,5 tazas)
- Mantequilla - derretida y enfriada ligeramente
  (.5 taza/1 barra)
- Leche (.25 taza)
- Vinagre blanco (1 cucharada)
- Extracto de vainilla puro (2 cucharaditas)
- Harina de maíz (.25 taza)
- Harina para todo uso (1 cucharada)
- Sal Kosher (.5 cdta.)
- También se necesita: Plato de tarta redondo de
  9 pulgadas

Técnicas de preparación:

1. Calienta el horno a 425° Fahrenheit.
2. Extiende la masa de la tarta y colócala en el molde. Recorta y dobla los bordes, y pincha el centro de la corteza con un tenedor. Métela en el congelador para que se enfríe durante al menos 15 minutos.
3. Coloca una capa de papel de hornear dentro de la masa de la tarta. Apóyalo con algo como judías secas para mantenerlo plano. Hornea hasta que se dore (15 min.). Retira con cuidado el pergamino y las pesas de la tarta y hornea diez minutos más. Enfríalo mientras preparas el relleno de la tarta.
4. Ajusta la temperatura del horno a 325° Fahrenheit.
5. Bate los huevos y el azúcar en un recipiente grande.
6. Derrite y añade la mantequilla, la leche, el vinagre y la vainilla, batiendo hasta que se incorporen. Mezcla con la harina de maíz, la harina y la sal hasta que se combinen.
7. Vierte el relleno en la corteza de la tarta y hornea hasta que esté justo en el centro (50 min.). Deja enfriar la tarta a temperatura ambiente durante al menos cuatro horas. Después, métalo en la nevera hasta que esté listo para servir.
8. Espolvorea con azúcar en polvo antes de servir.

Barras de pastel de crema de coco

Porciones: 15 - varía
Tiempo requerido: 60 minutos + tiempo de reposo

Ingredientes necesarios:

Ingredientes de la corteza:
- Mantequilla (1 taza/2 barritas)
- Harina todo uso (2 tazas)
- Azúcar en polvo (.5 taza)

Ingredientes del relleno:

- Mitad y mitad (3 tazas)
- Huevos (4)
- Leche de coco (3 tazas)
- Azúcar blanco (1,5 tazas)
- Sal (.5 cucharaditas)
- Maicena (.66 taza)
- Coco en copos (1,5 tazas)
- Extracto de coco (.5 cucharaditas)
- Extracto de vainilla (.5 cucharaditas)

Topping:

- Nata para montar (2 tazas)
- Agua (1 cucharada - fría)
- Gelatina (1 cucharadita)
- Azúcar en polvo (3-4 cucharadas)
- Coco - para tostar (1 taza)
- También se necesita Un molde para hornear de 9 x 13 pulgadas

Técnicas de preparación:

1. Haz la corteza. Calienta el horno a 350° Fahrenheit. Prepara la bandeja para hornear con un papel de aluminio (si lo deseas).
2. Combina el azúcar en polvo y la harina. Pica y mezcla la mantequilla con un procesador de alimentos (pulsar unas 6-10 veces) y presiona la mezcla en el molde. Hornea hasta que esté ligeramente dorado (18-20 minutos) y enfríalo sobre una rejilla.
3. Tuesta el coco. Esparce una taza de los copos de coco en una bandeja de horno y hornéalo junto con tu corteza de tres a seis minutos, removiendo cada minuto más o menos hasta que el coco esté dorado. Extiéndelo en un plato para que se enfríe bien.

4. Prepara el relleno de crema. Bate la leche de coco, la media leche, los huevos, el azúcar, la maicena y la sal en un cazo grande. Una vez hirviendo, ajusta la temperatura a media-baja, batiendo hasta que esté espesa y burbujeante (15-30 min.).

5. Añade los extractos de coco y vainilla y las 1,5 tazas de coco sin tostar. Remueve y vierte el relleno sobre la corteza. Enfríalo en la encimera un rato y mételo en la nevera para que se enfríe entre dos y cuatro horas hasta que esté firme.

6. Prepara la cobertura. Mide y añade una cucharada de agua fría en un cuenco pequeño y espolvorea la gelatina de manera uniforme por encima. Deja que se ablande durante dos minutos antes de meterla en el microondasdurante 30 segundos y bate para disolver la gelatina.

7. Utiliza un bol frío y una batidora para batir dos tazas de nata espesa y azúcar en polvo hasta que la nata forme picos firmes. Para y añade la mezcla de gelatina a mitad de camino.

8. Vierte la crema sobre las barras y extiéndela suavemente. Espolvorea con coco tostado.

9. Mételo en la nevera para que se enfríe hasta el momento de servirlo. Saca las barritas de la fuente rebanándolas con un cuchillo afilado para disfrutarlas.

Tarta cremosa de avellanas

Porciones: 8
Tiempo requerido: 10 minutos + tiempo de reposo

Ingredientes necesarios:

- Queso crema sin refrigerar (paquete de 8 onzas).
- Azúcar de repostería (1 taza)
- Nutella - dividida (1,25 tazas)
- Cobertura batida descongelada - congelada (cartón de 8 onzas)
- Corteza de migas de chocolate de 9 pulgadas

Técnicas de preparación:

1. Bate el azúcar, el queso crema, una taza de Nutella y el azúcar glas.
2. Incorpora la cobertura y añade la mezcla a la corteza.
3. Calienta el resto de la Nutella en el microondas durante 15-20 segundos y rocíala sobre la tarta.
4. Mete la tarta en el frigorífico durante al menos cuatro horas o toda la noche para obtener un mejor resultado.

El famoso cheesecake Ice Box de Woolworth

Porciones: 6
Tiempo requerido: 10 minutos + tiempo de reposo

Ingredientes necesarios:

- Gelatina de limón (paquete de 3 onzas)
- Agua hirviendo (1 taza)
- Queso crema (8 onzas)
- Azúcar granulado (1 taza)
- Zumo de limón (5 cucharadas)
- Leche evaporada - bien fría - ej. Carnation (lata de 12 oz.)
- Galletas Graham - trituradas

- También se necesita: Molde para hornear de 9 por 13 pulgadas

Técnicas de preparación:

1. Disuelve la gelatina en agua hirviendo. Enfría un poco hasta que se espese.
2. Combina el queso crema, el azúcar y el zumo de limón con una batidora eléctrica hasta que quede suave. Añade la gelatina espesada y mezcla.
3. En otro recipiente, bate la leche hasta que esté esponjosa. Añade la mezcla de queso crema y bate bien con la batidora.
4. Forra la bandeja de horno con galletas trituradas.
5. Vierte el relleno en la bandeja y cubre con más galletas trituradas y enfría.

Pastel de banana congelado

Porciones: 8

Tiempo requerido: 25 minutos + tiempo de reposo

Ingredientes necesarios:

- Cobertura de helado de cáscara dura - chocolate (3 cucharadas).
- Corteza de galletas Graham (1 - 9 pulgadas)
- Plátanos (2 medianos)
- Zumo de limón (.5 cucharaditas)
- Cobertura de helado de piña (.5 taza)
- Helado de fresa ablandado (1 cuarto de galón)
- Cobertura batida (2 tazas)
- Nueces tostadas (.5 taza - picadas)
- Jarabe de chocolate
- Cerezas al marrasquino con tallos (8)

Técnicas de preparación:

1. Vierte la cobertura de chocolate en la corteza y métela en el congelador hasta que el chocolate esté sólido (5 min.).
2. Corta en rodajas los plátanos y colócalos en un bol para mezclarlos con el zumo.
3. Coloca los plátanos sobre la cobertura de chocolate y hacer una capa con las piñas, el helado, la cobertura batida y las nueces picadas.
4. Cubre la tarta con una capa de plástico y congélala hasta que esté firme. Pásala a la encimera para que se descongele durante unos 15 minutos antes de rebanarla para servirla.
5. Termina con el sirope de chocolate y las cerezas sin rabo.

Tarta de melocotón congelado

Porciones: 8/2 pies
Tiempo requerido: 30 minutos + freeze time

Ingredientes necesarios:

- Migas de galletas Graham (2,5 tazas)
- Mantequilla derretida - dividida (.5 taza + 2 cucharadas)
- Azúcar (.25 taza)
- Leche condensada azucarada (lata de 14 onzas)
- Jugo de naranja (.25 taza)
- Jugo de limón (.25 taza)
- Melocotones congelados en rodajas sin azúcar (paquete de 16 oz.)
- Ralladura de limón (1 cucharada)
- Nata para montar (1,5 tazas)
- Opcional: Nata montada azucarada (al gusto)

- También se necesita: 2 platos de tarta de 9 pulgadas engrasados

Técnicas de preparación:

1. Calienta el horno a 350° Fahrenheit.
2. Desmenuza y combina las migas de galleta, el azúcar y la mantequilla en el fondo y en los lados de los dos platos para tartas. Hornea las tartas hasta que estén ligeramente doradas (10-12 min.). Enfría en rejillas de alambre.
3. Mide y añade la leche, el zumo de limón, el zumo de naranja, los melocotones y la ralladura de limón en una batidora y mézclalo hasta que quede suave. Vierte la mezcla en un recipiente para mezclar.
4. En otro recipiente, bate la nata hasta que se formen picos firmes e incorpórala a la mezcla de melocotón.
5. Coloca el relleno en las cortezas. Cubre y congela durante al menos cuatro horas o hasta que esté firme.
6. Pasa la deliciosa tarta a la mesa unos 15 minutos antes de servirla y cúbrela con nata montada si lo deseas.

Tarta de lima

Porciones: 8
Tiempo requerido: 20 minutos + tiempo de reposo

Ingredientes necesarios:

- Agua hirviendo (.25 taza)
- Gelatina de lima sin azúcar (paquete de 0,3 oz.)
- Yogur de lima (2 cartones de 6 onzas)
- Corteza de galleta graham reducida en grasas (6 oz.)
- Cobertura batida congelada sin grasa (cartón de 8 oz.)

Técnicas de preparación:

1. Hierve el agua y añádela a la gelatina. Remueve durante unos dos minutos hasta que se disuelva.
2. Bate el yogur y la cobertura.
3. Viértelo en la corteza y mételo en la nevera.
4. Enfría la tarta durante al menos dos horas y sírvela.

Tarta de fresa y limón en freezer

Porciones: 8
Tiempo requerido: 15 minutos + tiempo en el freezer

Ingredientes necesarios:

- Fresas dulces congeladas y descongeladas - rebanadas (contenedor de 23.2 oz/2.5 tazas)
- Mezcla instantánea de pudín de limón (paquete de 3,4 oz.)
- Congelado - cobertura batida descongelada (cartones de 8 oz.)
- Corteza de galleta Graham (6 oz./9 pulgadas)
- Opcional: Bayas frescas adicionales y cobertura batida

Técnicas de preparación:

1. Combina las fresas (con los jugos) y la mezcla de pudín en un recipiente grande para mezclar.
2. Espera unos cinco minutos e incorpora la cobertura batida.
3. Extiende el relleno en la corteza.
4. Congela la tarta durante al menos ocho horas o toda la noche. Déjala reposar de cinco a diez minutos antes de servirla.

Tarta de batata

Porciones: 8
Tiempo requerido: 2 horas–varía

Ingredientes necesarios:

- Harina todo uso (1,25 tazas + más para espolvorear)
- Manteca de cerdo de hoja (4 cucharadas)
- Mantequilla de buena calidad (4 cucharadas)
- Sal Kosher (.25 cucharaditas)
- Agua helada (3-4 cucharadas)

El relleno de batata:

- Batatas californianas de pulpa naranja (2 grandes/aproximadamente 1,75 lb.)
- Azúcar blanco (.5 taza)
- Huevos grandes (2 ligeramente batidos0
- Mitad y mitad - crema de leche (.25 taza)
- Canela (0,75 cucharaditas)

- Nuez moscada recién rallada (0,25 cucharaditas)
- Azúcar moreno ligero (.5 taza - empaquetada)
- Mantequilla sin sal (7 cucharadas)
- Sal Kosher

Técnicas de preparación:

1. Corta la mantequilla y la manteca en trozos pequeños. Mezcla cada uno de los componentes de la masa (omite el agua) en un recipiente grande para mezclar. Amasa la mezcla hasta que se desmenuce con algunos grumos.
2. Rocía la mezcla con el agua helada y trabaja la masa.
3. Da forma a la masa y envuélvela en papel de plástico para que se enfríe durante una hora. Cuando esté fría, vierte la masa en una superficie bien enharinada. Espolvorea harina por encima. Amasa la masa, añadiendo harina si es necesario.
4. Trabaja la masa hasta que sobrepase los bordes del molde.
5. Calienta el horno a 400° Fahrenheit.
6. Hornea la masa de la tarta durante 15 minutos. Enfríala en el molde sobre una rejilla durante una media hora. Baja la temperatura del horno a 350° Fahrenheit.
7. Prepara el relleno. Calienta una olla con agua a alta temperatura. Pela y rebana las batatas en cubos de una pulgada. Bajala temperatura a media y echalas batatas para que se cuezan hasta (20 a 25 minutos). Escurre y aclara con agua fría.
8. Métoslas en un procesador de alimentos para crear un puré cremoso. Mide y vuelve a poner 2,5 tazas en el procesador de alimentos. Bate y añade los huevos, la mantequilla, el azúcar granulado, la

mitad de la leche, la nuez moscada, la canela y el azúcar moreno. Mezcla hasta que esté suave y vierta en el molde de la tarta, alisando la parte superior.

9. Coloca el molde de la tarta en una bandeja para hornear y programa un temporizador para hornear hasta que la corteza esté ligeramente dorada y el relleno esté casi cuajado con un ligero movimiento en el centro (1 hora).

10. Enfría bien en una rejilla. Coloca una capa de papel de aluminio sobre la tarta y métela en la nevera hasta el momento de servirla.

Capítulo 3: Los mejores pasteles

Pastel de arándanos y crema agria

Porciones: 12
Tiempo requerido: 1 hora 35 minutos

Ingredientes necesarios:

- Harina todo uso - dividida (3 tazas + 2 cucharadas).
- Bicarbonato de sodio (.5 cucharaditas)
- Azúcar (3 tazas)
- Sal (.5 cucharaditas)

- Mantequilla sin refrigerar - sin sal (1 taza o 2 barritas)
- Crema agria (1 taza)
- Huevos (6)
- Vainilla (1 cucharadita)
- Arándanos (2 tazas)
- Para espolvorear: Azúcar en polvo

Técnicas de preparación:

1. Pon la temperatura del horno a 325° Fahrenheit. Unta con mantequilla y enharina un molde para bundt.
2. Tamiza o bate las tres tazas de harina, la sal y el bicarbonato para eliminar los grumos. Déjalo a un lado por ahora.
3. Mezcla el azúcar y la mantequilla con una batidora eléctrica hasta que esté cremosa. Añade la crema agria y bate hasta que esté combinada.
4. Añade alternativamente la mezcla de harina y los huevos, batiendo hasta que se combinen. Mezcla rápidamente la vainilla.
5. Mezcla suavemente los arándanos y dos cucharadas de harina. Incorpora los arándanos a la masa.
6. Vierte la masa en el molde preparado y hornea hasta que se dore y un palillo insertado en el centro salga limpio (1 ¼ hr.).
7. Enfríalo en el molde durante al menos diez minutos antes de pasarlo a una rejilla para que se enfríe por completo.
8. Una vez frío, espolvorea con un poco de azúcar en polvo.

Delicioso pastel de zanahoria

_____Porciones:2
ruedas de 10 pulgadas
Tiempo requerido: 2 horas 25 minutos

Ingredientes necesarios:

- Zanahorias ralladas (6 tazas)
- Pasas (1 taza)
- Azúcar moreno (1 taza)
- Huevos (4)
- Azúcar blanco (1,5 tazas)
- Aceite vegetal (1 taza)
- Extracto de vainilla (2 cucharaditas)
- Piña escurrida y triturada (1 taza)
- Sal (1 cucharadita)
- Harina todo uso (3 tazas)

- Bicarbonato de sodio (1,5 cucharaditas)
- Canela molida (4 cucharaditas)
- Nueces picadas (1 taza)

Técnicas de preparación:

1. Ralla las zanahorias y mézclalas con el azúcar moreno. Deja reposar durante una hora aproximadamente e incorporar las pasas.
2. Calienta el horno a 350° Fahrenheit. Engrasa y enharina los moldes para pasteles.
3. Bate los huevos hasta que sean ligeros y mezcla el azúcar blanco, la vainilla y el aceite. Incorpora la piña.
4. Tamiza o bate la harina, la canela, el bicarbonato y la sal, e incorpóralos a la mezcla húmeda hasta que se absorban. Por último, incorpora la mezcla de zanahorias y las nueces. Vierte la mezcla en los moldes preparados.
5. Hornea de 45 a 50 minutos hasta que se completen las pruebas del pastel con un palillo. (Pincha el centro de los pasteles; cuando esté hecho, estará limpio. Pasa los moldes a la encimera para que se enfríen durante diez minutos antes de sacarlos del molde.
6. Espera a que se enfríen para cubrirlos con el glaseado y servirlos.

Pastel de calabaza de cuatro capas con glaseado

Porciones: 16
Tiempo requerido: 1.5 horas

Ingredientes necesarios:

- Sal marina fina (.5 cucharaditas)
- Harina todo uso (3 tazas)
- Polvo de hornear (2 cucharaditas)
- Polvo de cinco especias chinas (1 cucharadita)
- Bicarbonato de sodio (1 cucharadita)
- Mantequilla sin refrigerar y sin sal (2 barritas)

- Azúcar moreno dorado - empaquetado (2 tazas)
- Huevos sin refrigerar (3 grandes)
- Calabaza pura (lata de 15 onzas)
- Leche entera (.33 taza)

El glaseado:

- Mantequilla sin sal y sin refrigerar (1 taza)
- Queso crema sin refrigerar (2 ½ - 8 onzas de paquete)
- Cáscara de naranja - rallada finamente (1 cucharada)
- Azúcar en polvo tamizado (3 tazas)
- Zumo de naranja (0,25 tazas)
- Mitades de nueces/picado - tostado
- También se necesita: 2 moldes para pasteles - de 9 pulgadas con lados de 1,5 pulgadas
- Aceite de cocina en aerosol (según sea necesario)

Técnicas de preparación:

1. Coloca la rejilla en el tercio inferior del horno, calentándola para que alcance los 350° Fahrenheit. Rocía los moldes con una rociada de aceite para hornear. Forra los fondos con una capa de papel de horno pergamino (engrasando ligeramente el papel también).
2. Bate la levadura en polvo y el bicarbonato, la harina, la sal y el polvo de 5 especias.
3. Utiliza una batidora eléctrica para combinar la mantequilla y el azúcar moreno en otro bol grande hasta que esté cremosa. Incorpora los huevos de uno en uno.

4. Incorpora la calabaza y los ingredientes secos en tres veces, alternando con la leche en dos veces. Vierte la masa preparada en las bandejas de horno.
5. Hornea los pasteles hasta que al insertar un probador en el centro éste salga limpio (40 min.). Deja enfriar en los moldes sobre una rejilla durante unos 15 minutos. Afloja los bordes con una espátula pequeña e invertir los pasteles en las rejillas de enfriamiento. Retira el pergamino. Voltea los pasteles sobre las rejillas y déjalos hasta que se enfríen por completo.
6. Prepara el glaseado utilizando una batidora eléctrica para mezclar la mantequilla en un recipiente grande hasta que esté suave. Incorpora el queso crema y la piel de naranja, batiendo hasta que esté cremoso. Incorpora y mezcla el azúcar en polvo (a baja velocidad).
7. Recorta la parte superior redondeada de los pasteles. Utiliza un cuchillo de sierra largo para cortar cada pastel horizontalmente por la mitad. Coloca una de las capas del pastel, con el corte hacia arriba, en una fuente grande.
6. Vierte aproximadamente 2/3 de taza de glaseado sobre el pastel, extendiéndolo hasta los bordes.
7. Continúa dos veces más con el pastel y el glaseado. Coloca el resto de la capa de bizcocho con el lado cortado hacia abajo. Decórala con el resto del glaseado.
8. Remata con nueces antes de servir.

Pastel de melocotón de Georgia

Porciones: 8
Tiempo requerido: 1 hora 20 minutos

Ingredientes necesarios:

- Huevos (4)
- Mantequilla/margarina ablandada (1 taza)
- Harina todo uso (3 tazas)
- Azúcar blanco (2 tazas)
- Sal (.5 cucharaditas)
- Polvo de hornear (1 cucharadita)
- Extracto de vainilla (1 cucharadita)
- Melocotones frescos (2 tazas - sin hueso y picados)

Técnicas de preparación:

1. Pon el horno a 325°Fahrenheit. Unta con mantequilla un molde de tubo de 10 pulgadas y espolvorea con azúcar blanco.
2. Bate el azúcar con la mantequilla hasta que esté esponjoso. Incorpora los huevos de uno en uno, batiendo después de cada adición. Mezcla con la vainilla.
3. Reserva ¼ de taza de harina para más tarde y tamiza el resto de la harina con la levadura en polvo y la sal. Mézclala poco a poco con la mezcla de la crema.
4. Mezcla la harina reservada sobre los melocotones picados, y mezcla bien con la masa. Vierte la masa en el molde preparado.
5. Hornea el pastel durante una hora y unos 15 minutos.
6. Deja el pastel en el molde durante unos diez minutos, antes de colocarlo en una rejilla para que se enfríe completamente.
7. Para la salsa, haz un puré con una parte de los melocotones, añade dos cucharadas de maicena y cocina a baja temperatura hasta que espese. Sirve la mezcla como salsa sobre el pastel.

Pastel de piña y nueces con glaseado

Porciones: 8
Tiempo requerido: 40-45 minutos

Ingredientes necesarios:

El pastel:
- Azúcar (2 tazas)
- Bicarbonato de sodio (2 cucharaditas)
- Harina (2 tazas)
- Huevos (2)
- Piña triturada con jugo (lata de 20 onzas)
- Opcional: Nueces picadas (1 taza)

El glaseado

- Mantequilla sin refrigerar - ablandada (1 barra)
- Queso crema - ablandado (paquete de 8 onzas)
- Azúcar de repostería (2 tazas)

- Vainilla (1 cucharada)
- También se necesita: Molde para hornear de 9x13 pulgadas

Técnicas de preparación:

1. Bate el azúcar, la harina y el bicarbonato en un recipiente grande. Unta con mantequilla el molde para hornear y fija la temperatura del horno en 350°Fahrenheit.
2. Bate y mezcla los huevos, la piña y el zumo con las nueces. Mezcla sólo hasta que se humedezca.
3. Vierte la masa en el molde untado con mantequilla. Programa el temporizador para hornear hasta que esté hecha (30-35 min.). Pásalo a la encimera y espera a que se enfríe bien.
4. Prepara el glaseado combinando la mantequilla, el queso crema, la vainilla y el azúcar glas. Bate hasta que esté suave.
5. Decora y sirve.

Pastel red velvet

Porciones:Pastel de 6 pulgadas
Tiempo requerido: 50 minutos

Ingredientes necesarios:

El pastel:
- Harina todo uso (1,25 tazas)
- Bicarbonato de sodio (.75 cucharaditas)
- Cacao en polvo sin azúcar (1 cucharada)
- Sal Kosher (.5 cucharaditas)
- Aceite de coco (.5 taza)
- Azúcar (1 taza)
- Huevo (1 grande)
- Colorante alimentario rojo (1 cucharada)
- Vinagre (.5 cucharaditas)
- Pasta/extracto de vainilla (1,5 cucharadita)
- Suero de leche (.5 taza)

El glaseado

- Mantequilla sin refrigerar - sin sal (.5 taza)
- Sin refrigerar - queso crema (4 onzas)
- Azúcar en polvo (2 tazas)
- Pasta o extracto de vainilla (1 cucharadita)
- Sal Kosher (1/8 cucharadita)
- También se necesita: Dos moldes redondos de 6 pulgadas para pasteles
- Batidora de pie equipada con un accesorio de pala

Técnicas de preparación:

1. Calienta el horno a 350° Fahrenheit. Engrasa ligeramente los moldes y apártalos por ahora.
2. Bate la sal, la harina, el bicarbonato y el cacao en polvo.
3. Prepara la batidora. Bate el aceite de coco y el azúcar hasta que quede esponjoso (3-4 min.). Bate y añade el huevo, el colorante alimentario, la vainilla y el vinagre.
4. Incorpora los componentes secos y el suero de leche en dos o tres adiciones alternas y bate hasta que se combinen.
5. Reparte la masa entre los moldes y horneahasta que un palillo insertado en el centro salga limpio (25 minutos).
6. Presiona suavemente la parte superior de los pasteles para igualarlos mientras están calientes. Enfríalos durante diez minutos en sus moldes y pásalos a una rejilla para que se enfríen completamente.

7. *Prepara el glaseado:* Bate la mantequilla y el queso crema en la batidora hasta que se combinen. Añade la sal, el azúcar en polvo y la vainilla.
8. *Para montar:* Apila las capas de pastel enfriadas con una gruesa capa de glaseado entre ellas. Cubre con el glaseado y sirve.
9. *Nota*: Para el aceite, el no refinado da un toque de sabor a coco o usa el refinado para no tener sabor a coco.

Capítulo 4: Otros dulces

Plato de postre patriótico americano

Porciones: 20
Tiempo requerido: 4 horas 20 minutos

Ingredientes necesarios:

- Agua hirviendo - dividida (4 tazas)
- Gelatina Jell-O - roja y azul (paquete de 8 porciones - 1 de cada una)
- Agua (2 tazas - fría)
- Cubos de bizcocho preparados (4 tazas)
- Cobertura de Cool Whip - descongelada (tarrina de 8 oz.)
- Fresas rebanadas (2 tazas)

También se necesita:

- Bandejas para hornear: 13x9 pulgadas
- Fuente de servir de 3,5 cuartos de galón

Técnicas de preparación:

1. Prepara dos recipientes. Revuelve dos tazas de agua hirviendo en cada sabor de gelatina seca utilizando recipientes individuales. Debería tardar unos dos minutos en disolverse por completo.
2. Revuelve una taza de agua fría en cada cuenco. Vierte cada una de las gelatinas en recipientes separados. Métlas en la nevera durante cuatro (4) horas hasta que estén firmes. Rebana la gelatina en cubos de media pulgada.
3. Prepara las capas en el bol de servir, empezando por los cubos rojos, una capa de cubos de bizcocho, la mitad de la cobertura y las bayas. Por último, añade los cubos azules y el resto de la cobertura batida.
4. Coloca el delicioso dulce en la nevera para que se enfríe durante un mínimo de una hora o hasta que esté listo para servir.

Pudín de banana

Porciones: 8
Tiempo requerido: 45 minutos

Ingredientes necesarios:

- Azúcar (.5 taza + 2 cucharadas)
- Harina todo uso (.33 taza)
- Leche al 2% (2 tazas)
- Huevos (3 separados)
- Extracto de vainilla (1 cucharadita)
- Pizca de sal
- Plátanos grandes y maduros (4 rebanadas)
- Obleas de vainilla (la mitad de una caja de 12 onzas/unas 35 obleas)
- También se necesita: Plato para hornear de 8 por 8 pulgadas

Técnicas de preparación:

1. Ajusta la temperatura del horno a 375° Fahrenheit.
2. Combina la harina, 1/2 taza de azúcar, la leche, las yemas de huevo, la sal y la vainilla en una cacerola mediana.
3. Cocina a fuego lento la mezcla usando la configuración de baja temperatura, batiendo ocasionalmente hasta que la mezcla se espese en un pudín (12 min.).
4. Pon las claras de huevo en un bol y bátelas con una batidora eléctrica hasta que se formen picos gruesos y firmes.
5. Incorpora dos cucharadas de azúcar y mezcla durante unos segundos más para que se incorpore.
6. Coloca la mitad de los plátanos en el fondo de la fuente de horno, y encima la mitad de las galletas.Repeat to form two layers of wafers and bananas. Lastly, pour the pudding over the top.
7. Extiende el merengue sobre el pudín. Hornear hasta que el merengue esté dorado (10-12 min.).
8. Nota: También puedes batir el merengue a mano con un batidor de varillas en un bol de aluminio frío; ¡es un ejercicio!

Tarta de moras

Porciones: 10-12
Tiempo requerido: 35 minutos

Ingredientes necesarios:

La tarta:
- Moras - frescas o congeladas (6 a 8 tazas)
- Azúcar granulado (1,5 tazas)
- Harina todo uso (.5 taza)
- Zumo de limón fresco (2 cucharadas)
- Opcional: Licor de moras (1-2 cucharadas)

Topping:
- Harina todo uso (2 tazas)
- Polvo de hornear (4 cucharaditas)
- Azúcar granulado (3 cucharadas)
- Sal (1 cucharadita)
- Cáscara de limón (ralladura de 1 limón)
- Mantequilla (.5 taza - enfriada y cortada en trozos de ¼ de pulgada

- Leche (2/3 de taza)
- Huevo (1 ligeramente batido)

Técnicas de preparación:

1. Calienta el horno para que alcance los 400° Fahrenheit. Si quieres facilitar la limpieza, cubre una bandeja de horno con una capa de papel de aluminio para recoger los goteos y el jugo que suele caer del recipiente mientras se cocina.
2. Lava y quita los tallos y escurrir las bayas frescas.
3. Mezcla la harina, el azúcar, las moras, el licor de mora y el zumo de limón. Vierte en la fuente de horno o sartén preparada.
4. Prepara la cobertura de galletas y resérvala hasta el momento de usarla.
5. Hornea la tarta de moras (sin la cobertura), sin tapar, aproximadamente de 15 a 20 minutos o hasta que esté caliente y burbujeante.
6. Cuando la mezcla de moras esté caliente, retírala del horno y vierte la mezcla de cobertura preparada por encima en 10-12 cucharadas grandes, lo que supone un marcador para cada ración.
7. Pasa el molde al horno y hornee la tarta hasta que las galletas estén ligeramente doradas (20-25 min.).
8. Pasa el molde a una rejilla para que se enfríe durante al menos diez minutos antes de servirlo con una porción de helado de vainilla si lo deseas.

Tarta de arándanos y melocotón

Porciones: 6
Tiempo requerido: 35 minutos

Ingredientes necesarios:

- Melocotones (2 lb.)
- Arándanos (1 taza)
- Azúcar (.25 taza + 2 cucharadas)
- Maicena (2 cucharaditas)
- Zumo (la mitad de 1 limón)
- Harina para todo uso (1 taza)
- Mantequilla fría (4 cucharadas)
- Polvo de hornear (.75 cucharaditas)
- Sal (.25 cucharaditas)
- Bicarbonato de sodio (.25 cucharaditas)
- Yogur griego natural al 2% (.33 taza)
- Azúcar moreno (1 cucharada)
- También se necesita un molde para hornear de 8 por 8 pulgadas

Técnicas de preparación:

1. Calienta el horno a 350° Fahrenheit.
2. Pela y rebana cada durazno en seis cuñas.
3. Mezcla suavemente los arándanos, los melocotones, 1/4 taza de azúcar, la maicena, una pizca de sal y el zumo de limón en la bandeja del horno.
4. Mezcla bien con una cuchara grande.
5. Corta la mantequilla en dados. Combina dos cucharadas de azúcar con la sal, la harina, la levadura en polvo y el bicarbonato en un recipiente para mezclar.
5. Desmenuza la mantequilla con la harina hasta que sea una harina gruesa.
6. Incorpora el yogur para crear una masa desordenada, no mezclar en exceso. Porciona la masa en seis montículos iguales.
7. Dispón los montículos sobre los melocotones y espolvoréalos con el azúcar moreno.
8. Pon un temporizador para hornear hasta que los melocotones estén burbujeando y las galletas estén doradas (20 min.).

Delicia de la abuela

Porciones:1.5 lb./60 piezas
Tiempo requerido: 45 minutos + tiempo de espera

Ingredientes necesarios:

- Claras de huevo (2 grandes)
- Agua (.66 taza)
- Azúcar (3 tazas)
- Extracto de vainilla (1 cucharadita)
- Jarabe de maíz ligero (.5 taza)
- Nueces (1 taza - picadas)
- También se necesita: Tres sartenes de 15 por 10 por 1 pulgada

Técnicas de preparación:

1. Separa los huevos y echar las claras en el bol de una batidora. Espera aproximadamente media hora -sin remover- hasta que estén a temperatura ambiente.
2. Cubre los moldes con papel encerado.
3. Prepara una cacerola grande y pesada para combinar el jarabe de maíz, el agua y el azúcar, removiendo hasta que el azúcar se disuelva.
4. Continúa cocinando -sin remover- utilizando el ajuste de temperatura media para alcanzar una etapa de bola dura (un termómetro para caramelos marca 252° Fahrenheit). Justo antes de alcanzar la temperatura, bate las claras de huevo

utilizando la velocidad media para formar picos firmes.

5. Vierte lentamente la mezcla de azúcar caliente sobre las claras, batiendo constantemente. Incorpora la vainilla y bata hasta que el caramelo mantenga su forma o unos cinco o seis minutos. Enseguida, mezcla las pacanas.

6. Coloca en los moldes cucharaditas colmadas y déjalas reposar hasta que estén secas al tacto.

7. Coloca en los recipientes utilizando papel encerado entre las capas. Guárdalos en la despensa en un recipiente cerrado y disfruta de las golosinas cuando lo desees.

Manzanas asadas con miel

Porciones: 2
Tiempo requerido: 45 minutos

Ingredientes necesarios:

- Manzanas ácidas (2 medianas)
- Arándanos rojos secos (.25 taza)
- Agua (2/3 de taza)
- También se necesita: molde de cristal para pan de 8x4 pulgadas

Técnicas de preparación:

1. Pone la temperatura del horno a 350°
   Fahrenheit.
2. Descorazona las manzanas, dejando el fondo
   intacto; pela el tercio superior de cada una.
   Ponlas en el molde engrasado y rellénalo con los
   arándanos.
3. Prepara un cazo y añada el agua, el azúcar
   moreno y la miel. Cocina la mezcla a fuego lento
   utilizando la temperatura media para disolver el
   azúcar y viértela sobre las manzanas.
4. Hornea hasta que las manzanas estén tiernas
   mientras se rocían con sus jugos naturales (35
   min.).
5. Coloca las manzanas en platos para servir con
   una bola de helado si deseas.

Pudín de calabaza y caramelo

Porciones: 6
Tiempo requerido: 20 minutos + tiempo de reposo

Ingredientes necesarios:

- Azúcar (1 taza)
- Azúcar moreno - empaquetado (.5 taza)
- Fécula de maíz (3 cucharadas)
- Sal (0,25 cucharaditas)
- Nuez moscada molida (.125 cdta.)
- Leche al 2% (3 tazas)
- Mantequilla en cubos (2 cucharadas)
- Yemas de huevo (3)
- Extracto de vainilla (2 cucharaditas)
- Opcional: Nata montada

Técnicas de preparación:

1. Combina los dos azúcares, la maicena, la nuez moscada y la sal. Añádelos a un cazo y añade la leche. Cocina a fuego lento la mezcla con la temperatura media-alta hasta que espese y burbujee.
2. Ajusta la temperatura a baja y cocine sin dejar de remover durante dos minutos más. Pasa la cacerola a una hornilla fría.
3. Revuelve un poco de la mezcla caliente en las yemas de huevo y devuelve toda la mezcla a la cacerola.
4. Revuelve un poco de la mezcla caliente en las yemas de huevo y devuelve toda la mezcla a la cacerola. Hierve a fuego lento durante unos dos minutos o hasta que la mezcla se espese y cubra el dorso de una cuchara. Coloca el cazo
   en la encimera y mezcla la mantequilla y la vainilla.
   Enfría el pudín durante 15 minutos, removiendo de vez en cuando.
4. Viértelo en seis platos de postre. Métalos en la nevera hasta que se enfríen.
5. Sirve con una guarnición de nata montada si lo deseas.

Pudín de melocotón de Tennessee

Porciones: 8
Tiempo requerido: 1 hora

Ingredientes necesarios:

- Harina todo uso (1 taza)
- Azúcar (.5 taza)
- Sal (.5 cdta.)
- Polvo de hornear (2 cucharaditas)
- Opcional: Canela (.5 cdta.)
- Leche al 2% (.5 taza)
- Melocotones frescos/congelados (3 tazas)

Toppings:

- Azúcar moreno (.5 taza - empaquetado)
- Agua (1,5 tazas)
- Azúcar (.5 taza)
- Mantequilla (1 cucharada)
- Nuez moscada molida (.25 cucharaditas)
- Opcional: Helado de vainilla
- También se necesita: Fuente de horno cuadrada de 8 pulgadas

Técnicas de preparación:

1. Pon la temperatura del horno a 400° Fahrenheit. Bate o tamiza la harina, la sal, el azúcar, la canela y la levadura en polvo.
2. Añade la leche y remueve hasta que esté todo bien mezclado. Pela y rebana los duraznos e incorporarlos a la mezcla. Échalos en la fuente de horno engrasada.
3. Prepara la cobertura mezclando el agua, la mantequilla, los azúcares y la nuez moscada en un cazo grande. Hierve y remueve hasta que los azúcares se disuelvan, y vierte la mezcla sobre los melocotones.
4. Hornea hasta que el relleno esté burbujeante (40-50 min.). Sirve caliente o frío con helado - como lo desees.

Conclusión

Espero que hayas disfrutado de cada una de las deliciosas recetas de *Cocina Americana*. Lo único que tienes que hacer es seguir las pautas, y disfrutarás de todo lo que ofrece la cocina del país. El siguiente paso es decidir qué comida o dulce vas a preparar primero; ¡hay tantos!

Creo que te preparamos para empezar a crear tus obras maestra americanas, así que aquí tienes los consejos adicionales que te ofrecemos para mantenerte en el objetivo y proporcionarte toneladas de sugerencias que te ayudarán a **convertirte en un panadero o chef de primera.**

1. Diviértete mientras disfrutas de tus nuevas recetas, recordando que son simplemente sugerencias que han funcionado para otros chefs o panaderos. Siempre puedes utilizar sustituciones para complacer una dieta única o tus elecciones personales.

2. Considera la posibilidad de preparar comidas para mantener frescas sus deliciosas comidas preparadas y ofrece una gran variedad utilizando la nueva gama de recetas.

3. Prepara la zona donde vas a trabajar. Reúne todos los utensilios necesarios, como cuencos, cucharas, tazas de medir, etc. Ten a mano una papelera y mantén la zona limpia de "basura".

4. Lee y relee siempre a fondo tus recetas antes de empezar a cocinar.

5. Mide siempre con cuidado cuando hornees pan u otras recetas delicadas similares. Es una ciencia hacer que el

pan suba correctamente, y cualquier medida errónea puede ser desastrosa.

6. Es posible que tengas la necesidad de utilizar huevos. Es un proceso sencillo que se crea batiendo una cucharada de agua con un huevo grande hasta que quede suave. Si se utiliza sobre los pasteles para sellarlos, también proporcionará un aspecto brillante.

7. Prepara fácilmente los tomates haciendo una "x" en su parte superior. Introdúcelo en un cazo con agua hirviendo durante medio minuto. Déjalo enfriar y podrás quitarle la piel fácilmente.

8. Utiliza la sal para animar una receta "aburrida". Potenciará el sabor de tus platos. La mayoría de las recetas que preparas utilizan sal kosher y sal marina (un poco más cara) para darle un toque adicional.

9. Si te gustan los huevos cocidos pero odias el desorden de las cáscaras, simplemente coloca una capa de toallas de papel en la encimera y sepáralos sobre ella. ¡Tira el desorden!

10. Establece una regla estándar después de preparar un plato sabroso; realiza una prueba de sabor del artículo preparado, como el pollo frito, para no arruinar su potencial de sabor previsto.

11. Si tienes problemas para mantener firme la tabla de cortar, humedece una toalla de papel y colócala debajo de ella. (¡Problema resuelto!)

12. Una de las herramientas más funcionales para la preparación de comidas es un afilado cuchillo de chef. Invierte en uno de buena calidad que te dure años. ¿Has intentado alguna vez filetear un pescado con un cuchillo sin filo?

13. Posee un cuchillo súper afilado es maravilloso, pero hay que saber manejarlo correctamente mientras se rebanan los filetes favoritos. Los profesionales indican que es mucho más seguro "pellizcar la hoja" en lugar de agarrar el mango. Se proclama que es una práctica más segura. (Quizá valga la pena probarlo; ¡tiene sentido!)

14. Muchas de las recetas requieren o sugieren el uso de una sartén de hierro fundido. Ayuda a cocinar de manera uniforme sus comidas y fácil de limpiar.

15. Si te gusta preparar una ensalada fresca, agarra el tallo con una mano y tira suavemente de la hoja con la otra, para no magullar las hojas.

16. Mantén tus especias alejadas de las fuentes de calor, como los fogones o las estanterías cercanas a fuentes de luz. La calidad de las especias y hierbas disminuye y puede perder su sabor cuando se exponen al calor y la humedad.

17. Elementos esenciales de la cocina: Si esta es tu primera experiencia en la preparación de alimentos especiales en tu cocina, querrás comprar huevos, leche, harina para todo uso, aceite de oliva extra virgen, salsa de soja, azúcar, sal, pimienta negra, caldo (de pollo y de carne si lo deseas), pasta, arroz integral y una variedad de frijoles. Estos son buenos entrantes, pero cada receta le proporcionará los elementos esenciales necesarios.

18. Si te gustan las manzanas recién peladas pero odias que se pongan rápidamente de color marrón, rocíalas ligeramente con una porción de zumo de lima o limón fresco después de prepararlas como quieras.

19. La miel es uno de los complementos americanos favoritos para los platos, en lugar del azúcar u otros

edulcorantes. Además, nunca se estropea y es un conservante natural.

20. Considera la posibilidad de hacer su propio pan rallado utilizando un procesador de alimentos. Reserva su pan duro para preparar un alijo con su receta favorita. Mételos en el congelador y disfrútalos hasta seis meses.

21. Espera a que los filetes alcancen la temperatura ambiente antes de sazonarlos y asarlos. En teoría, quieres que la carne se cocine uniformemente desde el borde hasta el centro. Por lo tanto, cuanto más cerca esté de su temperatura final para comer, más uniformemente se cocinará. Si se deja reposar en la encimera de 20 a 30 minutos, el bistec alcanzará la temperatura ambiente, lo que le acercará de 20 a 25° Fahrenheit a la temperatura final para servir..

22. Si tienes bolsas de harina y harina de maíz abiertas, guárdalas en el congelador para alargar la vida de cada producto.

23. Compra la mantequilla cuando esté en oferta y métela en el congelador para que dure más tiempo (hasta seis meses).Guarda la caja de azúcar moreno que se ha endurecido en el armario. Mételo en una bolsita con cierre y añade una rebanada de pan. Déjalo reposar toda la noche, ¡y te sorprenderán los resultados por la mañana!

24. Si eres un amante del aguacate y no lo utilizas entero, deja el hueso en la mitad que has guardado y mételo en la nevera para utilizarlo otro día. Esto ayudará a que se mantenga fresco.

25. Si quieres colocar tus verduras en una sartén en posición vertical, como una cebolla, sólo tienes que cortar un extremo y colocarlo en la sartén.

26. Se pueden rehidratar los tomates secados al sol poniéndolos en remojo en agua caliente o caldo durante (20-25 min.).

27. Guarda siempre el ajo en la encimera o sin refrigerar para evitar que se ponga rancio.

28. Has preparado una tanda de pasta de tomate y te ha sobrado. Sólo tienes que meterla en bandejas de cubitos de hielo y meterla en el congelador para tu próxima receta.

29. Algunas de las recetas de pan (en particular) requieren que se ablande la mantequilla. Esto se consigue fácilmente colocando el plato de mantequilla en la encimera y cortándola en pequeñas rebanadas durante unos 10 o 15 minutos.

10